El abominable hombre de las mates

Para todos los «desastres en matemáticas»...

Agradezco a Marion Wasinta, asistente de educación en un «collège», su valiosa aportación sobre el horario y el ritmo cotidiano de una clase de sexto de Primaria actual.

A.-M. P.

www.edebe.com

Título original: *Les 3 copines l'Abominable Homme des Maths*
© Flammarion, 2008
87, quai Panhard et Levassor
5647 Paris Cedex 13/France

© Edición cast.: Edebé, 2011
Paseo de San Juan Bosco, 62
08017 Barcelona

Dirección editorial: Reina Duarte
Editora: Elena Valencia
© Traducción del francés: Beatriu Cajal

Primera edición, marzo 2011

ISBN 978-84-683-0010-8
Depósito Legal: B. 93-2011
Impreso en España

Anne-Marie Pol

Ilustraciones de Claire Delvaux

El abominable hombre de las mates

edebé

Capítulo 1

¡Una, dos, tres... amigas!

Las vacaciones de Todos los Santos han terminado.

Los internos regresan al colegio Mont-Rose, el domingo por la tarde, como siempre. A lo largo del paseo, los coches en fila india recuerdan el primer día de curso, hace dos meses.

Pero las cosas han cambiado...

Jessica Jewel aparca su cupé en el aparcamiento.

–No estás demasiado triste, ¿verdad, querida? –pregunta a su hija.

–Bueno..., ¡no! ¿Por qué?

Fleur abre los ojos, sorprendida. Se ha adaptado bien al internado. (Casi) ha olvidado que quería escaparse y está contenta de regresar a él.

¡Qué cambio! ¿Verdad?

–¡Mira, mamá! –exclama–. ¡Anaïs ya ha llegado y Jade, también!

Apenas ha frenado el coche cuando Fleur se lanza fuera:

–¡Eh, chicas!

Anaïs está rodeada por su numerosa familia, Jade junto a sus padres, pero… ambas los dejan plantados para correr hacia Fleur.

–¡Hola!

–¿Qué tal las vacaciones?

–¿Y tú?

Se dirigen las mismas palabras y los mismos besos grandes, grandes.

–¡Es verdaderamente guay encontrarnos de nuevo! –exclama Fleur.

A decir verdad, se dirige especialmente a Anaïs, su amiga n. 1, que está con ella en sexto. Jade –que está en primero de Secundaria– es la n.º 2. Mira a Fleur con admiración. La rubiales lleva, debido al crudo frío del otoño, su magnífico abrigo rojo con botones dorados…

¡Cuando una es «hija de estrella», se nota!

Jade retiene un suspiro imperceptible; sus padres no tendrán nunca la posibilidad de comprarle un abrigo tan «gonito», como decía cuando era pequeña.

–Os he traído las fotos de nuestros disfraces de Halloween –anuncia entonces Anaïs.

Jade se sorprende:

–¿Todavía lo celebras? ¡Pero si es cosa de bebés!

–En mi casa hay «bebés» –responde la pelirroja.

Rebusca en su cartera sin encontrar nada –visto el desorden–, mientras Fleur murmura:

–¡Desgraciadamente, en mi casa no hay ni bebés ni celebramos Halloween…!

Colocarse un gorro de bruja o ponerse una máscara de búho para pasar la velada con Mamá (que llega siempre agotada de sus jornadas de rodaje)… ¡Sería ridículo!

–En mi casa, el único bebé soy yo, pero detesto los monstruos de Halloween…

¡Le dan pánico!

Justo entonces, los adultos las llaman. Hay demasiada humedad para quedarse charlando afuera. Entran todos en el vestíbulo abarrotado.

Inútil insistir.

Los padres hacen sus últimas recomendaciones antes de la separación.

–Valor, pequeña-florecilla-del-campo –susurra Jessica Jewel a su hija.

El señor Perrot lleva a Anaïs aparte:

–Sobre todo, esfuérzate con las mates, ¿de acuerdo?

–No te canses demasiado, princesa –dice la señora Joigny a Jade–. En cualquier caso, tú eres la mejor.

¡Ahí está!

Dentro de cinco minutos las familias se habrán marchado. Las internas retomarán la rutina del colegio Mont-Rose. Durante un cuarto de segundo, las tres amigas sienten el mismo pellizco en el corazón...

capítulo 2

The monster

La clase de inglés ha terminado y el señor Smith acaba de salir.

Mientras espera al siguiente profesor, la señorita Keller, la psicóloga de sexto, da una vuelta por la clase y pregunta:

–¿Qué tal esta primera mañana...? ¿Va todo bien, chicos? ¿Cuesta volver a empezar?

Las primas de la primera fila, Valentine y Maud, pregonan un «NO» atronador, que cubre, más o menos, las respuestas evasivas de los demás.

La señorita Keller muestra una sonrisa satisfecha.

«Efectivamente, todo va bien.»

No percibe la actitud inquieta de Anaïs, que echa un vistazo al reloj.

10.28 h

¡Cielos!

¡Solo quedan dos minutos para la… pesadilla!

La mañana de los lunes, que empieza bien (con asignaturas que le gustan a Anaïs), termina SIEMPRE muy, muy mal, con la clase de MATES…

¡Anaïs la detesta!

Repite a causa de las matemáticas, una ciencia completamente hermética para ella.

En ese instante, resuenan unos pasos al fondo del pasillo…

–¡Ya está aquí vuestro profesor! –anuncia la señorita Keller.

En la clase, de repente, se produce una agitación, digamos, «productiva». Se abren los libros, se buscan bolígrafos o calculadoras, se colocan papeles en blanco sobre el pupitre. Con el fin de parecer un alumno estudioso ante el señor Durand, cada uno hace lo que puede, porque todos temen (un poco) a este profe.

Anaïs se pone a hojear su libreta de apuntes, como si buscase… ¿qué? ¡No lo sabe, pero lo encuentra!

¡Bien!

¡Las fotos de Halloween!

Desde ayer por la tarde, está intentando encontrarlas. ¡Ahora ya podrá enseñárselas a sus amigas!

¡Por fin!

Los gemelos convertidos uno en Batman, el otro en Frankenstein; mamá, con unos dientes de vampiro; papá, un fantasma envuelto en una sábana; y el bebé Noé, vestido con un mono naranja (intentando parecer una calabaza)… ¡Demasiado genial!

Anaïs olvida por un momento las fracciones, los divisores y los múltiplos, u otros problemas indigestos…

Una voz irónica le devuelve a la realidad.

–¿Se puede saber qué estás mirando con tanto interés, Anaïs Perrot? –pregunta el profesor.

Tiene la manía de nombrar siempre el apellido de sus alumnos.

–Ehemm… –tartamudea Anaïs, lívida, escondiendo las fotos con la palma de la mano.

No lo había visto (ni oído) entrar, pero él está allí, detrás de su mesa, donde ha dejado su vieja cartera deformada.

Anaïs mira aterrorizada a este hombre de edad imprecisa, con perilla, y con unos grandes ojos azules, fijos ahora en ella.

Parece, parece…

¡Uno de los *monsters* de Halloween!

EL ABOMINABLE HOMBRE DE LAS MATES…

¡Socorro!

capítulo 3

Los «problemas» de Anaïs

–¡A trabajar! –ordena–. Una hora pasa muy rápido.

Ya lo creo..., pero cuando se está en el cine o con los amigos. Por desgracia, una hora de mates NUNCA pasa rápido; para Anaïs, esos sesenta minutos insoportables se multiplican por 100, por 1.000, por 10.000...

¡Y eso es mucho tiempo!

Con sus lotes de palabras incomprensibles, de fórmulas bárbaras y de cifras cabalísticas, la hora de mates se arrastra como un caracol maléfico...

–¡Guardad vuestras calculadoras! –ordena el señor Durand.

Nunca dice una «calcu», como si se tratase de una forma demasiado familiar para ser admitida en el noble universo de las cifras.

El señor Durand añade:

–Ejercicio de cálculo mental.

¡Menuda noticia!

De repente, Anaïs siente mucho calor.

«Ojalá no me pregunte...»

Siente una opresión en el pecho que le corta la respiración. Anaïs baja la mirada, como si eso bastase para escapar del señor Durand. Y, palabra, parece que funciona...

–¡Ralph Gille! –llama–, ¡a la pizarra!

¡UFF!

El compañero de al lado de Anaïs se levanta y ella recupera el aliento. Con el peligro alejado, Anaïs finge «interesarse» por las elucubraciones matemáticas del profesor.

Este dicta a Ralph:

–Ocho, coma, cuarenta y cinco, multiplicado por mil, igual...

La tiza chirría sobre la superficie de color verde oscuro. Anaïs observa cómo aparece este jeroglífico angustioso:

8,45 X 1.000 = ?

–Fleur Fontana –pregunta entonces el profesor–, ¿cuál es el resultado de esta operación?

Fleur responde sin dudar:

–¡Ocho mil cuatrocientos cincuenta, señor!

Y Ralph anota inmediatamente en la pizarra: 8.450. Anaïs mira a su amiga n.º 1 con admiración. ¡No siente miedo de las cifras, la muy suertuda! Juega con ellas como un malabarista con sus pelotas de colores.

–Bien –aprueba el señor Durand.

Valentine susurra a su prima Maud:

–No era difícil..., ¿verdad? ¡Nosotras también habríamos acertado!

–Muy bien, veamos si tú aciertas ahora, Valentine Marsac –le conmina el profe (que tiene el oído muy fino)–: 0,6 X 100 = ?

Da fácilmente con la respuesta (60), y le llega el turno de sentarse en el banquillo a Gabrielle Rocher, después a Diane Meyer, con éxito. Ulysse Mandois y Ferdinand Desbons también se desenvuelven bien. Salomé Cholet no se equivoca, igual que Maud Marsac.

¿Son todos geniales o qué?

Anaïs siente vértigo.

Si por lo menos uno solo se hubiera equivocado...

¡Pero no!

¡Cuando les escucha, piensa que en toda la clase solamente hay una imbécil, que es ELLA! Y esto será científicamente probado por el abominable hombre de las mates...

No se ha olvidado de ella.

Incluso se ha girado hacia su lado.

La reservaba para el final.

–Tu turno, Anaïs Perrot –dice.

Inmediatamente, tiene la impresión de que su cerebro se convierte en una pantalla negra. Mira la pizarra como si las cifras escritas por Ralph fueran jeroglíficos.

800,8 X 0,01 =?

Silencio.

Los ojos de Anaïs se llenan de lágrimas. El profesor insiste:

–Espero tu respuesta.

–No lo sé, señor –balbucea Anaïs.

Justo en ese instante, el estuche de Fleur cae al suelo haciendo ruido. Mientras se inclina ostensi-

blemente para recogerlo, sopla a su amiga, desde el otro lado del pasillo:

–Cambia la coma de sitio...

–¿Quieres quedarte castigada este fin de semana por hacer trampas, Fleur Fontana? –pregunta el señor Durand.

Silencio *(bis)*.

Cuando la situación se hace insoportable, el profesor pide la respuesta a Ralph, que la da.

800,8 X 0,01 = 8,008

Efectivamente, la coma se ha desplazado como una libélula caprichosa, pero Anaïs ignora por qué y cómo, aunque esté repitiendo sexto.

Se echa a llorar.

–¡Sécate esas lágrimas de cocodrilo! –le espeta el señor Durand–. Y más te valdría estudiar las lecciones.

¡Como si fuera tan fácil!

Cuando no se entiende, no se entiende. Punto. Pero ¿cómo pueden entenderlas quienes sí entienden?

Algunas veces, la vida es demasiado triste e incluso... ¡incomprensible!

Las lágrimas de la «desastre en matemáticas» se duplican.

–Molestas a la clase –dice el profesor–. Ve a llorar al pasillo, Anaïs Perrot.

Ahogando los sollozos en un pañuelo, obedece, roja de vergüenza.

¡Pobre!

Fleur lo siente por ella. Tratar así a Anaïs, la más amable entre las amables... ¡Es injusto! Debe de sentirse completamente fracasada. Cuando se dirige a la salida, Ulysse la sigue con la mirada. También él la compadece, ya que es un cero a la izquierda en ortografía.

Anaïs sale y...

«¿Me atrevo o no me atrevo...?»

Se atreve: da un portazo con todas sus fuerzas...

¡PUUM!

ESA ES SU RESPUESTA AL PROFE.

capítulo 4

Detrás de la puerta...

Tres segundos más tarde, Anaïs se asusta de su propio gesto.

«¿Qué me ha pasado?»

¡Con estos arranques de mal genio no conseguirá que el abominable hombre de las mates la mire con buenos ojos! Al contrario, se arriesga a que se vengue de ella.

Por ejemplo, puede ir a hablar con el director.

Ay, ay, ay...

¡Está indignado con la actitud de Anaïs! Ya oye su terrible amenaza...

«¡NO SERÁS DELEGADA DE CLASE!»

¡Oh! ¡No!

Sería demasiado triste...

Anaïs se siente superorgullosa de haber sido elegida. Aunque repita, sus compañeros la han juzgado digna de representarlos ante los profesores. ¡No es poco...! Eso significa que confían en ella.

GENIAL, ¿NO?

¿Tiene que volver a abrir la puerta para excusarse?

Sería una oportunidad para probar a los de sexto:

• Que sabe recuperar la calma (después de haberla perdido estúpidamente)...

• ¡Que, por tanto, ha merecido la pena su voto!

Pero Anaïs duda.

Con las mejillas bañadas por las lágrimas, se queda plantada detrás de la puerta. La voz del profesor la atraviesa. Habla de «números enteros», de «suma» y de «productos»...

Este galimatías desanima a Anaïs. Ella no habla el mismo idioma que el señor Durand. ¡Eso, seguro!

Excusarse... ¿y qué más? ¡Es como ofrecerle una rosa al yeti!

Y Anaïs corre a esconderse en el vestuario de las de sexto y primero de Secundaria, situado entre las dos clases. Está oscuro, la habitación no tiene ven-

tana. Huele a lejía y a zapatillas de baloncesto, que están en las taquillas.

¡Cielos!

¡Esto es lúgubre! Sin embargo, Anaïs no enciende la luz; la oscuridad va bien para su tristeza. Se deja caer sobre un banco, bajo un chándal olvidado que está colgado.

Una vez protegida por el chándal, ya no llora; solo solloza…

capítulo 5

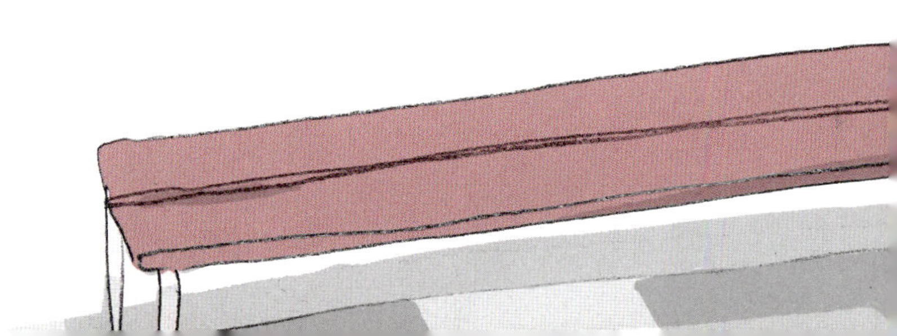

«Fleurette» y «Anisette»

Ha transcurrido un cuarto de hora.

Alguien abre, repentinamente, la puerta de cristal. Anaïs se encoge bajo la ropa protectora, pero…

–¿Estás ahí? –susurra Fleur.

Anaïs saca la cabeza, como una tortuga que asoma el morro prudentemente fuera de su caparazón. Su amiga n.º 1 acaba de sentarse a su lado. Sus miradas se cruzan.

–Pobre… –se enternece Fleur.

Con los ojos enrojecidos y la nariz hinchada (y húmeda), Anaïs da pena, en efecto.

–…¡No llores por las mates, va!

Fleur le tiende un paquete de pañuelos sin abrir.

–Eres demasiado amable –balbucea Anaïs.

¡Fleur tiene siempre lo que necesitas cuando se

necesita! Nunca utiliza un pañuelo usado anteriormente, sus jerséis están impecables, sus zapatos relucen y sus cabellos siempre están bien peinados.

¿Cómo se las arregla para estar siempre perfecta? ¡Un misterio, para Anaïs!

¡En ella, en cambio, a menudo existe algo imperfecto! Un lacito roto, un desgarrón en la camiseta o unos pañuelos que dan pena. ¡La prueba!

No importa. Ellas se entienden.

¡Estar internas las acerca de un modo inexplicable!

Y… ¡vaya! ¡Anaïs ya no llora! Después de sonarse (enérgicamente), sonríe:

–Oye, «Fleurette», ha sido increíble que dejaras caer tu estuche para chivarme…

–¡Desgraciadamente, ÉL se ha dado cuenta también…, «Anisette»!

Se ríen. ¡Es divertido llamarse con diminutivos! Crean un lazo invisible entre ellas. De repente, Anaïs se atreve a confesar a Fleur:

–¿Sabes? Interiormente llamo al profe…

Le susurra el apodo del señor Durand.

–¡Le va que ni pintado! –admite su amiga.

¿Una buena alumna en mates puede compartir su opinión?

Esto da confianza a Anaïs.

–De hecho –pregunta–, ¿con qué pretexto has salido de la clase?

–No he necesitado ningún pretexto: ha acabado por abrir la puerta...

Ooooooh…

Entonces, ¿el profe se ha preocupado por la «desastre en matemáticas»?

–…¡Y como no te ha visto, me ha enviado a buscarte!

Fleur toma de la mano a Anaïs:

–Venga, vamos, ahora tenemos que regresar las dos a clase.

No.

Anaïs se echa atrás.

–Dile que he vomitado –exclama–, y que he subido a la enfermería.

–No me creerá…

–¡Peor para él!

–…Y te pondrá una mala nota.

–¡Tanto peor! –se obstina Anaïs.

Volver a ver al abominable hombre de las mates es una idea insoportable. Anaïs se encoge bajo el chándal. Su colega no insiste, pero añade:

–Procura no llegar tarde al comedor, ¿eh?

–No, no. Tengo mi reloj –murmura Anaïs–, y, además, oiré el timbre.

Fleur se va, ligera. ¡El corazón no le pesa, a la muy suertuda!

Eso se nota.

capítulo 6

¡Esto se complica!

Una vez sola, Anaïs se dice:

«¡Qué bonito tener una amiga como Fleur… y Jade!»

Como la penumbra del vestuario es propicia a la reflexión, Anaïs reflexiona, pues, sobre la suerte de haber encontrado auténticas amigas. Eso le permite casi olvidar al abominable. Incluso comienza a sentirse más tranquila, cuando, de repente…

¡Alguien empuja la puerta!

Un adulto entra ruidosamente… ¡Cielos! ¡Entra en tromba!

–¿Dónde lo habré puesto? –murmura la señorita Keller.

Anaïs no se atreve a mover ni una pestaña.

La psicóloga da al interruptor, la luz se enciende

y… ¡descubre una forma humana bajo el chándal!

–¡Aaah! –se asusta.

Anaïs se ve obligada a salir de su escondite.

–¡Perdone! –balbucea.

Entonces, la señorita Keller deja escapar un profundo suspiro.

–Me has dado un susto…

Después, se sorprende:

–¿Y qué haces tú aquí?

Se impone decir la verdad. Anaïs responde con la voz temblorosa:

–El señor Durand me ha echadooooo de clase.

–Seguramente, tendría una buena razón para hacerlo –remarca la psicóloga.

¿Se apresura a tomar partido por un profesor injusto? Indignada, la pelirroja frunce el ceño.

–¡Sí, tenía una buena razón! –explota–. ¡ME DETESTA!

La señorita Keller se sorprende:

–¡Vaya idea! ¿Por qué el señor Durand debería detestarte?

–¡Porque soy un «desastre» en mates!

Tras estas palabras, Anaïs se echa a llorar. Tiene un *stock* de lágrimas inagotable.

–Venga, ven conmigo, que te acompañaré a clase... –dice la psicóloga.

¡Arreglar las cosas entre la exiliada de la clase de mates y su profesor le parece urgentísimo! ¿Por qué no busca, mejor, lo que ha perdido? Anaïs no tiene ningunas ganas de volver a ver a su bestia negra, pero llora demasiado para poder protestar...

Sigue a la señorita Keller.

Desgraciadamente, la psicóloga no ha «arreglado las cosas» sino que, incluso, sufre un fracaso histórico.

¡El señor Durand es intratable (que rima con abominable)!

Para justificar su castigo, afirma que la «pequeña Perrot» ha alterado el buen funcionamiento de la clase con sus lágrimas de cocodrilo (lo mantiene) y su falta de civismo.

–¿Su falta de civismo? –repite la señorita Keller, boquiabierta.

Entonces él explica el episodio del portazo y la negativa a integrarse en la clase. La psicóloga se sorprende desagradablemente. Lo dice. El llanto de Anaïs se redobla; quisiera desaparecer en un escondrijo de ratas.

–Espero tus disculpas –añade el abominable–, de lo contrario…

Se calla y su silencio es la peor de las amenazas.

DE LO CONTRARIO…

Los de sexto aguantan la respiración.

¿Qué hará Anaïs?

Fleur la observa con inquietud. Ha admirado la actitud entera de su amiga n.º 1, pero si se excusase, en este momento, no sería ningún deshonor.

Ulysse está afectado.

«El profe exagera», piensa.

Dar un portazo no es un delito y quedarse fuera cuando te han echado... ¡tampoco! ¡Vaya! Hablará con su padre, el director.

Ralph y Ferdinand reprimen sus bostezos. Se acerca la hora de comer; tienen hambre. ¡Que se dé prisa en pedir disculpas, la pelirroja...!

Salomé compadece a media voz:

–¡Pobre! La vida ech dura...

Las dos primas se dan la vuelta:

–Así aprenderá –murmuran las dos a coro.

Siempre se inclinan ante la autoridad. Para enseñarles una lección, Salomé les saca la lengua.

Gabrielle y Diane intercambian una mirada perpleja. Esto empieza mal para la delegada... ¿No será una señal?

–Esperamos tus excusas, Anaïs –declara entonces la señorita Keller.

Pero la «culpable» es incapaz de articular una palabra...

Justo en ese instante, el timbre resuena por todo Mont-Rose.

La clase ha terminado.

–Muy bien, Anaïs Perrot, seguiremos mañana con este tema –le advierte el señor Durand.

¡Es verdad! Los martes por la mañana hay clase de mates, horrible perspectiva.

El profesor guarda sus pertenencias en su vieja cartera, se va y la mira furibundo.

–Deberías haberte excusado sin demora, Anaïs –comenta la psicóloga.

Anaïs recupera súbitamente el uso de la palabra y objeta:

–¡No me salía!

–Pero te encuentras dentro de un círculo vicioso, porque todavía te resultará más difícil enmendarte en la próxima clase...

Anaïs respira hondo.

OK, se trata de un «círculo vicioso».

No importa.

Siente una sensación curiosa: una especie de orgullo. Ha conseguido hacer frente al abominable hombre de las mates.

No está mal, ¿verdad?

capítulo 7

¿Culpable... o no?

Desgraciadamente, durante la comida su autoestima la ha abandonado a la velocidad de la luz, dejando paso a un principio de angustia; ha perdido la voz y, después, el apetito. En el comedor, Anaïs ha picoteado unas zanahorias ralladas, pero no ha conseguido terminar su carne picada a la Parmentier.

Se siente muy, muy mal consigo misma.

En este momento, durante el recreo, fuera, no tiene ningunas ganas de mezclarse con los de sexto, que la miran de reojo, pero necesita enormemente el apoyo de Fleur.

Se alejan cogidas del brazo.

Anaïs suspira.

MAÑANA...

¿Qué le espera... mañana?

–No pienses en ello antes de que llegue –le aconseja su amiga.

Le ha leído el pensamiento. ¡La amistad es esto!

–Quizás no esté… –añade Fleur.

–Tienes razón.

En ese instante, Jade (que ha dejado plantadas a las chicas de primero), se les une corriendo.

–¿Qué te pasa? –suelta a Anaïs–. Tienes los ojos enrojecidos…

Fleur exclama:

–Si tú supieras…

¡Y lo explica… con una claridad…! ¡Parece una auténtica periodista! Anaïs tiene la impresión de ser la protagonista de un error judicial.

¿El culpable? ¡El abominable, naturalmente!

Pero Jade se sorprende:

–Sin embargo, normalmente, es simpático.

–¿QUÉEEE?

Anaïs está pasmada con este golpe de efecto. ¿Jade defiende al hombre de las mates? ¡Habrase visto!

–¡Pues sí! –insiste–. Conmigo es muy simpático.

–Porque eres una cerebrito… ¡Pues claro!

–¡Y así es muy fácil! –refunfuña Fleur–. En mi opinión, si el señor Durand fuera verdaderamente simpático, lo sería también con los..., eehmm...

–...Con los «desastres» –termina Anaïs–. Estoy de acuerdo.

Muy enfadada, Fleur protesta:

–¡Para! Tú no eres un desastre. Simplemente, no entiendes nada.

Y añade, precipitadamente:

–¡Encima, ÉL exige que ella se excuse! ¿Tú lo encuentras normal, Jade?

–¡Bueee..., sí!

Dirigiéndose a la pelirroja:

–Te has comportado mal, ¿verdad? –añade.

Por favor. Parece que estemos delante de un tribunal.

¡Por vuestro honor!

–He actuado mal por SU culpa –protesta Anaïs–. ¡Es ÉL quien se lo ha buscado!

Tiene la impresión de tener una opresión en el estómago. Jade está de parte del profesor. ¡Se trata de una amiga! Incluso añade un consejo:

–Yo, en tu lugar, me excusaría.

¡BASTA!

–¡Tú no estás en mi lugar! –explota Anaïs–, no estarás jamás, ¡ESPECIE DE ALUMNA PERFECTA!

Estas palabras suenan fuerte, como un insulto.

Jade palidece.

«Alumna perfecta» normalmente le parece un cumplido…

–Escucha, Anaïs… –balbucea.

¡Demasiado tarde! El señor Thomas, el vigilante gafotas, silba el final del recreo. Las tres amigas van a sus filas. Sienten un pellizco en el corazón.

Cuando Anaïs se sienta en su pupitre, en clase, Ulysses se gira hacia ella para susurrarle:

–He hablado con mi padre…

¡Lo que faltaba!

–¿Ahora haces de recadero? –ironiza la pelirroja a media voz.

Ulysse la fulmina con la mirada.

–¡Idiota! ¡Quería ayudarte!

Decididamente, hoy pasa algo con la amistad y la comprensión…

–¿Ayudarme a qué? –refunfuña Anaïs, un poco enfadada.

–Tema excusas y todo eso…

De repente, ella le mira y tiene la impresión de verle por primera vez. ¡El hijo del director tiene un aspecto amable! Es tranquilizador.

–¿Y? –pregunta ella.

–Pues que mi padre dice que deberías disculparte, si no...

–SI NO, ¿qué?

–El profesor tiene derecho a castigarte sin salir.

–¿Durante el fin de semana? –suelta Anaïs pasmada.

–Pues sí.

En ese instante, la señora Ignace se dirige al rincón:

–Cuando hayáis terminado, Ulysse y Anaïs, quizás podré empezar la clase de francés...

–Perdón, señora –se excusan.

Excusarse con la profe de francés no cuesta nada.

El abominable hombre de las mates debería tomar ejemplo... Además, ¡PEOR PARA SUS AMENAZAS! No se merece las excusas...

¡ESO NO!

Anaïs persiste y reafirma.

capítulo 8

¡Chitón!

Al día siguiente por la mañana, Anaïs no ha cambiado de opinión.

Piense lo que piense Jade, no tiene ningún motivo para ceder ante el abominable. Sin embargo, ante la idea de enfrentarse, entra en la clase con pies de plomo.

–Sal a la pizarra a escribir la fecha –ordena la señorita Keller.

Cada día se encarga de esta tarea un alumno diferente. Cuando le llega el turno, Anaïs elige siempre una tiza de un color bonito (rosa o azul), pero hoy coge el primer pedazo de tiza blanca para escribir...

Martes, 7 de noviembre

Este martes no merece nada más porque empieza muy, muy mal...

Dentro de cinco minutos: ¡LA CLASE DE MATES!

Bien.

«No hagas de ello un drama, Anaïs...»

El abominable todavía no ha llegado.

¿Y si...

• Se hubiera roto una pierna esta mañana...?

• Le hubiera caído una (gran) rama sobre la cabeza...?

• Le hubiera picado una araña venenosa, o atropellado un coche?

Todo es posible y lo peor (en este caso, la buena salud del torturado) nunca es seguro.

Una vez sentada en su silla, Anaïs se repite esta verdad, en medio del jaleo de los alumnos que se colocan en su sitio.

–Un poco de silencio... –reclama la señorita Keller.

Tira maquinalmente de las mangas de su jersey amarillo pálido.

Hace frío, esta mañana.

El otoño ha amarilleado las hojas de los árboles; algunas revolotean como mariposas doradas...

Fleur escribe esta frase en su cuaderno de poesía. Ha empezado uno, en casa, durante las vacaciones de Todos los Santos. ¿Su intención? Apuntar las grandes citas de los grandes autores. Pero, cuando ella misma las inventa y son bonitas, también las apunta.

Al final de su hallazgo, firma:

Fleur Fontana

¿Quién sabe si un día se convertirá en una célebre escritora? La celebridad le viene de familia; su madre es la estrella Jessica Jewel y su padre, el famoso reportero Igor Fontana.

Puntual por una vez, Bouboule mira de reojo los escritos de su vecina.

–Dime, ¿me ayudarás con mi redacción? –susurra.

Evelyne Keller la pesca in fraganti:

–¡No hables, Salomé, y repasa tus ejercicios de matemáticas!

«Tus, mis, sus, nuestras», piensa Anaïs. «Como si las mates nos pertenecieran…»

¡Gracias por el regalo!

¡Ooooooh! ¡Le duele el corazón!

¿Por qué te obligan en la escuela a aprender lo que no te gusta? ¡Es cierto! La vida sería tan bonita si hiciéramos solamente lo que nos gusta…

En ese momento, la psicóloga se aproxima a Anaïs.

–Cuando entre el señor Durand –le susurra–, ve a pedirle disculpas sin demora.

La pelirroja se ve obligada a acceder:

–Síiiii.

Pero… ¡no!

La visión del abominable hombre de las mates la transforma inmediatamente en una roca.

Imposible levantarse…

Imposible acercarse al profe…

Imposible abrir la boca…

¡Anaïs permanece petrificada en su silla!

El señor Durand la taladra con sus grandes ojos azules.

–¿Y bien, Anaïs Perrot? –pregunta.

Pues… ¡NADA!

Silencio. Pesado. Insoportable. Si volase una mosca armaría el jaleo de un avión de caza.

Los alumnos no se atreven a respirar.

–Bien –decide el profesor–, no perderemos diez minutos de matemáticas por tu culpa...

(«¡Oh! ¡No! ¡Sería una lástima!»)

–...Dicho esto, si el jueves, como último día, no

te has disculpado, sintiéndolo mucho, tendré que castigarte en Mont-Rose el próximo fin de semana.

Anaïs tiene la impresión de recibir un mazazo en la cabeza.

Ulysse tenía razón.

¡Tiene que reaccionar!

«Vamos, Anaïs, levántate, ve al despacho y di: Lo siento, señor...»

Pero permanece inmóvil y muda.

A eso se le llama bloqueo. ¡Una fuerza misteriosa le impide moverse y hablar..., ni pensar puede, desgraciadamente!

Se imagina encerrada, abandonada, en Mont-Rose, SOLA, sin sus amigas, sin su familia numerosa. Castigo complementario: el abominable la obliga a «hacer mates» durante 48 horas...

Esta película de horror la hiela de pies a cabeza.

El señor Durand no duda ante los tormentos de Anaïs: ya ni la mira.

–Deberías haber…

–Harías mejor…

–No tienes más que…

En el descanso entre una clase y otra, cada alumno le dirige un consejo horripilante.

Fleur toma a Anaïs por los hombros:

–Encontraremos una solución –le susurra.

Y, de repente, la pelirroja siente menos frío. Puede confiar en su amiga. ¡Eso lo sabe!

Fleur tendrá una idea: ¡buena, naturalmente!

capítulo 9

La hora del móvil

¡¡Uff!!

¡Por fin termina este triste martes!

Después de la cena, bajo la vigilancia indiferente de Thomas y de Elise, que charlan entre ellos, los internos se encuentran en la inmensa «sala de la televisión». Sofás y sillones de gomaespuma multicolores amueblan los dos rincones (el de los «mayores» y el de los *«juniors»),* cada uno con su televisor. También hay estantes llenos de libros, mesas con ordenadores y un futbolín.

Sin embargo, a esta hora los internos no tienen ningunas ganas de «pinchar el balón» (una expresión del director), de escuchar las noticias, de enviar *mails* ni de ver un DVD. Todos (o casi todos), pegados a sus móviles, gozan de un momento de intimidad con sus familiares, que están tan lejos. Es el único momento del día en que los alumnos pueden usar sus teléfonos, justo antes de subir al dormitorio.

Anaïs se felicita, por una vez, de ser una de las raras «sin móvil». Esto le evita las (peligrosas) confidencias nocturnas.

¡No tiene ningunas ganas de explicar a sus padres que es la víctima del profe de mates! ¿Y si algún día compartieran la opinión de Jade? ¿Y si no creyeran a su hija?

Abatida sobre un sofá, medita sobre esta (decepcionante) posibilidad jugueteando con una vieja goma, mientras los demás hablan con sus familias...

Y se siente ya abandonada.

Fleur se ha refugiado en un ángulo de la habitación para cuchichear con su madre, a través de un adorable aparato rojo cereza. Jade, que está a dos pasos, susurra a la suya:

–Pues sí, mamá querida, todo va de maravilla...

Ha debido de olvidar su encontronazo con la

pelirroja. La prueba es que sus miradas se cruzan y Jade sonríe.

Cuando ha enviado primero a su madre y después a su padre muchos «besos, besos, besos», va a sentarse cerca de Anaïs.

–¿Qué tal?

–No estoy genial –suspira esta–. ÉL me obligará a quedarme aquí, este fin de semana.

–Salvo si pides disculpas…

–Síiiii –refunfuña Anaïs–. Es su obsesión.

Jade susurra:

–He estado pensando en tu problema…

–¡Qué maja eres!

«La alumna perfecta» también es «la amiga perfecta».

Anaïs le dedica una gran sonrisa:

–Siento lo de ayer, estaba supernerviosa…

–¡No pasa nada!

–Gracias.

Ahora, pasemos a cosas serias.

–Entonces, ¿qué has pensado, Jadou?

–¿Jadou?

–Sí…

A partir de hoy, cada una de las tres amigas tiene un sobrenombre: Fleurette, Anisette y Jadou, explica Anaïs a Jade, en voz baja.

–¡Me encanta! Pero tiene que quedar como un secreto entre nosotras…

–Tienes razón.

–…Como si formáramos parte de una sociedad secreta.

¡Una idea genial!

–Es cierto, deberíamos inventar una…

–¡Vamos a proponérselo a Fleur!

Mientras tanto, Anaïs regresa a su gran preocupación.

–¿Me dices cuál es tu solución para el profe?

–Podrías excusarte por escrito –sugiere Jade– y así no tendrías que enfrentarte a él cara a cara…

¡Qué genial idea! La sonrisa de Anaïs se congela.

–El abominable quiere humillarme, ¿no lo entiendes? –gime–. Para darle gusto tengo que rebajarme, en voz alta, delante de toda la clase…

Y un grito furioso les hace saltar a todos hacia atrás.

–¡TE ESTÁS PASANDO, MAMÁ! –chilla Fleur.

Desde el rincón de los mayores, protestan:

–¡Eh, bebés, dejad de chillar!

–¡Bebés, vosotros! –responden las dos chicas.

Después de haberle colgado el móvil en las narices a Jessica Jewel, Fleur se precipita hacia ellas, se lanza sobre el diván y se echa a llorar.

–¿Sabéis quéeeeee? Mi madreeee quiere que pase aquí el fin de semaaaanaaa…

¡VAYA!

¡Un golpe de suerte inesperado!

–¡Fantástico! –exclama Anaïs–. ¡Estaremos las dos juntas!

¡Así podrá soportar el castigo! ¿Perfecto, no?

NO.

Los ojos de Fleur brillan de cólera o, quizás, de desesperación.

–¡Me niego a pasar el fin de semana EN PRISIÓN! –se indigna–. ¡Sólo porque Mamá tiene un festival no sé dónde!

Anaïs objeta:

–Eso forma parte de su faceta de estrella.

–¡Me da lo mismo! –rebate Fleur–. ¡También tiene una faceta de madre, tal y como dicen las revistas! Y debería sacarme de este agujero por lo menos el sábado y el domingo, ¿no creéis?

Se seca las lágrimas, furiosa, con el dorso de la mano.

–El primer día de curso ya se fue sin decirme adiós...

–¿Por qué? –se interesa Jade.

–¡Porque estaba muy triste por dejarme! ¡Es un pretexto! ¡Y el día de mi cumpleaños, el jueves 5 de octubre, SE OLVIDÓ DE FELICITARME!

–No lo habrá hecho a propósito –la justifica Anaïs.

–Justamente: ¡debería haber pensado en ello A PROPÓSITO!

La actriz se acordó el sábado siguiente; se llevó a su hija a una «*tournée* regalo». Dejando de lado este detalle de la historia, Fleur se aferra a sus amigas:

–¡Invitadme a vuestra casa! –suplica–. Si una de las dos me invita, podría salir de aquí...

Desgraciadamente...

–Por culpa del abominable, yo no puedo… –dice la pelirroja, desolada.

–¡Si te disculpas, podrás!

En ciertos momentos, Fleur es implacable. Anaïs no le responde.

–Lo siento –dice Jade–, yo tampoco puedo.

Baja la mirada.

¡Le gustaría invitar a Fleur si el piso de sus padres fuera más grande, más *fashion,* más lujoso! Pero los Joigny no tienen demasiados «ingresos». Se aprietan el cinturón para poder pagar un internado de renombre para su princesa venida de tan lejos. Ante la hija de una estrella, Jade se sentiría avergonzada, lo sabe, de su modesta casa...

Se avergüenza de su propia reacción.

–¿Por qué no le pides a tu papá que venga a buscarte? –pregunta.

El suyo no la dejaría en Mont-Rose un día de descanso, eso, seguro.

Fleur se encoge de hombros:

–Mi padre está haciendo un reportaje, como siempre.

Silencio.

–Bien –gruñe–, si no podéis ayudarme, ya sé cómo me espabilaré...

Como Blancanieves, Fleur huye entre los árboles negros; sus largos cabellos forman, tras ella, una cometa de oro...

–¿En qué piensas? –susurra Anaïs.

Justo en ese instante, los dos vigilantes señalan con palmadas el final del recreo de la tarde. El señor Thomas llama a los más pequeños, Elise a los de sexto y primero de Secundaria. Dirección, dormitorios.

Las tres amigas suben a acostarse. Tienen la moral por los suelos. Y, con todo esto, Jade se ha olvidado de hablar con Fleur sobre la sociedad secreta... ¡No importa!

Intentará explicarle en voz baja la idea, antes de que se apaguen las luces. ¡Pero, no! Apenas llegada al dormitorio, Fleur corre su cortina con un gesto seco. Se deja caer sobre la cama, con el rostro sobre el peluche Aristote.

En el otro lado de la cortina amarilla, sus compañeras están indignadas.

Bien.

Mañana, cuando se encuentren las tres en su «pequeño jardín», hablarán con ella...

capítulo 10

¡La amistad es esto!

En Mont-Rose, efectivamente, los alumnos de sexto y primero de Secundaria tienen este privilegio: un «pequeño jardín». Se trata de un trozo de terreno que se divide en siete miniparcelas –al final del patio de recreo–, donde los *juniors* cultivan lo que les gusta, los miércoles por la tarde, durante las horas libres.

Hay tres «jardineros» por parcela.

Evidentemente, cuando distribuyeron los jardines, Fleur, Anaïs y Jade se pusieron juntas.

Habían previsto plantar hoy semillas de rábanos y bulbos de tulipán que tienen de las vacaciones, para poder recolectar, en primavera, algo útil y algo agradable…

A las 14.00h, pues, con sus anoraks y sus

guantes, Anaïs y Fleur han ido a buscar una pala y una azada al cuarto de las herramientas. Jade se les ha unido en el «pequeño jardín», después de haber llenado de agua una enorme regadera de plástico verde.

¡A su alrededor, la cosa se activa! Se cava, se planta, se escarda...

Desgraciadamente...

¡Anaïs y Fleur no tienen la cabeza en el trabajo!

La una siente que el jueves por la mañana se acerca a la velocidad de la luz –«mañana...»–, y la otra refunfuña...

–¿Y a mí qué me importa el cultivo de la nuez?

Jade intercambia una significativa mirada con Anaïs –«ha llegado el momento»–, y susurra a Fleur:

–Hemos pensado una idea genial, ¿sabes?

En los jardines contiguos, los aprendices de jardinero espían. Las primas y Lucie (una de primero de Secundaria), que son las más cercanas, dejan de arar la tierra para escuchar al trío sin problemas.

–¡Panda de cotillas! –les dice Anaïs–. ¡Ocupaos de vuestras cebollas!

Hay que decirlo. Jade se echa a reír, pero Fleur, no. ¡Ay! ¡Esto no pinta bien!

Para animarla, su amiga se apresura a explicarle en voz baja el plan de la «sociedad secreta».

Fleur responde secamente:

–¡Conmigo no contéis!

–¿Por qué? –suelta Anaïs, pasmada.

–Porque, EN PRINCIPIO, una sociedad secreta se monta entre AMIG@S, con gente con la que puedes contar... ¡Y no es mi caso!

¡Oh! ¡Qué decepción!

–¿Por qué dices eso? –tartamudea la pelirroja.

Los azules ojos de Fleur son duros como el hielo.

–Si fueras una auténtica amiga –suelta–, olvidarías tu orgullo. Te excusarías ante el abominable para poder ayudarme, sacarme de aquí, invitarme..., ¡lo que sea!

Continúa con Jade:

–...Y tú obligarías a tus padres a recibirme.

Las otras dos balan:

–Peeee–roooo...

¡A Fleur le falta el aire! Una sonrisa repentina y puntiaguda le retuerce la boca.

–Pero no os preocupéis por mí –dice a media voz–. Tengo la solución...

Anaïs balbucea:

–¿Cuál es?

–Me iré de aquí, a mi manera.

Con estas palabras, Fleur manda a paseo la azada y sale disparada hacia el edificio:

–¡De momento, voy a la biblioteca! ¡Por lo menos, leer no me decepciona!

Sus dos compañeras se quedan con los brazos abiertos.

¡La tarde del miércoles ha sido un fracaso!

Anaïs ha reflexionado toda la noche (o casi) y, por la mañana, ha tomado una decisión. Pues sí, va a hacer un esfuerzo por su amiga. Un esfuerzo sobrehumano.

La amistad es esto.

Cuando el señor Durand entra en clase, ella se levanta.

Su corazón es un tam-tam. Las piernas le tiemblan, se acerca a la mesa del profesor:

–Perdóneme, señor –balbucea–, pero usted ya sabe que no se me dan bien las mates...

El abominable hombre de las mates sonríe. ¡Palabra!

–Gracias –responde–. Has reaccionado bien y ya me he olvidado de todo.

La pelirroja se vuelve a sentar. Cuando pasa por delante de Fleur, cruza la mirada con ella, tan feliz... Las dos amigas sienten deseos de reír.

El fin de semana será estupendo... ¡en casa de los Perrot!

«Y, además, piensa Anaïs, podría invitar a Jade a merendar para hablar de la sociedad secreta...»

(Continuará)

abc...

La autora

¡Yo también estuve interna durante cuatro años! Este recuerdo me ha permitido imaginar a las heroínas de Mont-Rose. Fleur, Anaïs, Jade, Salomé (y las otras) se parecen mucho a las compañeras que tuve. Se llamaban Martine, Daisy, Brigitte, Sylvie y Denise. Estábamos internas en un gran castillo... ¡donde no había ni un solo chico! En las horas de estudio, yo me inventaba historias en las que había guapos caballeros. ¡Me habría encantado tener un amigo como Ulysse! Y ahora, cuando escribo las aventuras de las 3 amigas, me divierto mucho enfrentando a mi «amigo» con estas «pequeñas y terribles mujercitas»...

www.annemarie-pol.fr

La ilustradora

Yo no estuve nunca interna, pero mi hermana sí, durante todo el bachillerato, y nos ha explicado mil divertidas anécdotas. Naturalmente, me he inspirado en ellas para ilustrar *Las 3 amigas*. Aunque también he recurrido a mis recuerdos: ¡a la edad de Fleur, Anaïs y Jade yo iba al colegio en Estados Unidos! Teníamos una biblioteca enorme y me encantaba leer. También me acuerdo de que dibujábamos mucho en clase. Sin duda, la mezcla de todo ello ha contribuido a que me guste ilustrar historias... ¡Y eso es lo que hago desde hace algunos años, siempre con el mismo placer!

Horario escolar

Volverás a encontrar a Fleur, Anaïs y Jade en... «Una sociedad muy, muy secreta»